CONSIDÉRATIONS

SUR LA PROCHAINE

ASSEMBLÉE CONSTITUANTE

PAR

J. DELAMATHE.

Suffrage universel. — Tous les Français maje
électeurs et éligibles.

L'Assemblée nationale simplement consti'
n'ayant aucun autre pouvoir soit exécutif, le
ou judiciaire.

PARIS

IMPRIMERIE CENTRALE DES CHEMINS DE FER, DE NAPOLÉON CHAIX ET Cie,

Rue Bergère, 8, près le boulevart Montmartre.

1er Mars 1848.

PRÉFACE.

Nous voulions d'abord, sous un autre titre, donner plus d'extension à la brochure que nous publions aujourd'hui, et qui alors aurait compris nos idées sur les rapports futurs de la nouvelle République française avec l'étranger, sur les principes qui doivent diriger nos finances pour faire face aux conséquences possibles du profond changemeut survenu dans notre situation politique. Mais l'importance, l'urgence même de la question que nous examinons dans cet opuscule, ne nous permet pas d'en différer la publication.

Le Gouvernement provisoire doit aviser au plus vite à l'établissement d'un gouvernement régulier, définitif. La plus grande difficulté qu'il ait à résoudre est celle de la composition de l'Assemblée nationale à convoquer. Il y a là pour lui une responsabilité immense. C'est donc un devoir pour tout citoyen de communiquer ses idées, son opinion sur cette question, soit pour faciliter cette œuvre du Gouvernement provisoire, soit pour répandre dans le public certaines notions qui devront éclairer, guider les citoyens dans l'exercice des droits qui vont être rendus à la nation.

Indiquer les principes qui doivent, suivant nous, être suivis pour l'élection des représentants, pour le jeu plus régulier de l'Assemblée nationale constituante, telle est la tâche que nous avons essayé de remplir; trop heureux si nos efforts peuvent être utiles à notre pays dans les circonstances graves, importantes, où il se trouve.

CONSIDÉRATIONS

SUR LA PROCHAINE

ASSEMBLÉE CONSTITUANTE.

Une révolution extraordinaire, admirable, vient de rouvrir à la France l'ère de ses brillantes destinées. L'œuvre de notre immortelle révolution de 89, si fatalement interrompue par le machiavélisme d'un trop heureux despote, aussi mauvais citoyen qu'il était homme de génie et grand capitaine; l'œuvre de notre belle révolution de 1830 si malheureusement avortée, si fatalement livrée sans précautions, sans garanties aucunes aux décevantes promesses d'un homme qui, dans ses goûts, dans ses aptitudes, n'était qu'un simple bourgeois, un bon père de famille, mais rien moins qu'un homme d'État; l'œuvre de 89, l'œuvre de 1830, est reprise de nouveau. Et cette fois, tout nous dit que, remise entre les mains de zélés citoyens, la Révolution française recevra cette heureuse solution qu'elle aurait eue dès le premier jour sans les fautes commises dans le système électif et dans la composition du pouvoir suprême exécutif, fautes qui ont permis, sinon favorisé l'usurpation d'un général ambitieux. Ce sont ces

fautes graves, énormes, qu'il nous faut éviter à tout prix
dans la marche du gouvernement de la nouvelle République ; car il ne faut jamais perdre de vue que pour être
plus ou moins une démocratie, une république n'en ren-
ferme pas moins dans son sein, comme toutes les so-
ciétés humaines, les germes toujours subsistants de plusieurs aristocraties. Et ces aristocraties en germe, dès
qu'elles voient jour à s'établir, profitent de tous les dé-
fauts d'une constitution pour affaiblir le principe démocratique, le livrer aux projets de quelques chefs qui sai-
sissent d'abord, quand ils ne les font pas naître, les
occasions ou prétextes de s'emparer du pouvoir suprême,
et qui ensuite le consolident en partageant avec la nouvelle aristocratie qui se fonde, l'exploitation du peuple,
finances, honneurs, dignités, emplois, crachats, titres,
etc., etc.

Quelle constitution a jamais peut-être excité plus d'ad-
miration que celle de l'an III ! Au premier coup d'œil tout
y semble d'une symétrie parfaite, de la logique la plus
rigoureuse; tout y semble fondé et sur la raison la plus
positive et sur la connaissance la plus intime du cœur humain. Eh bien ! voyez cette constitution à l'œuvre ! Elle
est si impuissante que la République ne tarde pas à s'alar-
mer des menées ridicules de quelques royalistes; que la
révolution, c'est-à-dire le peuple entier, tremble bientôt
devant les forfanteries de quelques vieux bavards ou de
quelques jeunes aristocrates; puis, quelques années après,
viennent le 18 fructidor qui décime la représentation nationale, le 18 brumaire qui renverse la constitution elle-
même.

Quand on voit une aussi belle constitution aboutir à de tels résultats, que doit-on penser? Est-ce la France qui, alors, a manqué à ses libertés nouvelles? Sont-ce les libertés nouvelles qui, alors, ont manqué à la France? Il y a de l'un et de l'autre.

La France d'alors, fatiguée du passé à cause du régime de la terreur, du présent à cause de l'agitation continuelle de la place publique, a manqué à la liberté avant que la liberté nouvelle ne fût entrée dans les usages, dans les mœurs. Il en résulta que l'esprit public, à peine encore formé, prit pour des réalités le fantôme des intérêts anciens qui s'agitaient dans leurs dernières convulsions, et qui, malgré les circonstances en apparence les plus favorables, n'ont jamais pu se rétablir solidement depuis. La faute du Directoire fut, par des raisons inutiles à rechercher ici, d'accorder à ces fantômes une importance qu'ils n'avaient pas, qu'ils ne pouvaient pas avoir. Tandis qu'il aurait suffi de les surveiller pour les tenir en échec, pour les laisser tomber, s'évanouir d'eux-mêmes, le Directoire créa un danger véritable en violant la constitution par l'attentat du 18 fructidor.

D'un autre côté, la liberté a manqué à la France, en ce sens que, par leur organisation, et surtout par la fausseté, nous dirions presque par l'état contre nature de leurs rapports, les corps politiques, formant déjà à ce titre seul un premier noyau d'aristocratie, entrevirent bientôt la possibilité de se maintenir au pouvoir sous une forme ou sous une autre. Il en résulta que d'un commun accord ils s'arrangèrent pour renverser la constitution elle-même, au profit d'une ambition qui leur offrait en échange la conservation de leurs avantages politiques, l'exploitation en commun de la nation gouvernée. En deux mots, les représentants vendirent la patrie au général Bonaparte, à la condition que ce nouveau chef remplacerait leur position élective, temporaire, précaire, par une position durable, plus ou moins inamovible.

Cet écueil, qui est du reste celui de toutes les républiques, la Constitution de l'an III ne sut pas l'éviter, si même, et c'est notre avis, elle ne l'a pas favorisé.

Nous rangeons parmi les causes principales de cette prompte agonie, de cette chute rapide de la Constitution de l'an III, d'abord l'élection à deux degrés, le partage du pouvoir suprême exécutif confié à plusieurs membres, puis la fausse base des rapports établis entre les deux Conseils, etc. Ce n'est pas aujourd'hui le moment de discuter toutes ces questions. Qu'il nous suffise ici de constater que, malgré tous ses semblants de perfection, la Constitution de l'an III n'a eu pour ainsi dire qu'une existence éphémère. Les uns l'attribuent, à tort suivant nous, au caractère français. Quand on voit la France, depuis soixante ans, lutter constamment pour les mêmes idées, pour les mêmes principes; quand on voit la monarchie, essayée sous toutes les formes, aboutir constamment au même résultat, c'est-à-dire à une chute inévitable au bout d'une quinzaine d'années, en bonne conscience, que doit-on en conclure? La conclusion n'est-elle pas que la monarchie est impossible dans notre pays? — Que si, à la vérité, par diverses causes, les erreurs mêmes de la liberté ou la pression de l'étranger nous ont imposé la monarchie, cette monarchie n'a jamais pu durer que la vie politique de la génération qui avait subi cette pression de l'étranger ou souffert de ces erreurs de la liberté, c'est-à-dire une quinzaine d'années, ce qui est à peu près la durée moyenne de la vie politique de toute une même génération. Ainsi, une génération politique, si cette expression nous est permise, est, depuis cinquante ans, la limite de la vie de la même monarchie en France. Avant les quinze ans révolus, quelle que soit son origine, la monarchie en France est déjà décrépite, morte par le fait, et il ne faut plus qu'un souffle de l'ouragan populaire pour la rayer du nombre des vivants.

En présence de tels faits, il nous semble que la chute de la République a eu lieu une première et seule fois par suite des vices mêmes de la constitution, forme de gouvernement encore inconnue aux masses, et nullement à cause de la force des éléments de monarchie et d'aristocratie existant dans le pays. Qu'on évite les vices de notre première et seule constitution républicaine, celle de l'an III, il est évident que la nouvelle République se maintiendra facilement par son propre poids, car seule elle est possible. Chaque page de notre histoire moderne n'est-elle pas en effet une preuve que la monarchie est désormais incompatible avec la tendance naturelle de nos besoins, de nos intérêts, de nos idées, de nos mœurs ? Certains préjugés, habilement entretenus avec l'or du peuple, ont pu militer un moment pour la monarchie contre la république ; mais chaque fois la chute de la monarchie est venue prouver la fausseté des préjugés existants à l'endroit de la république.

A d'autres temps nous remettons l'examen des vices

qui ont perdu la Constitution de l'an III. Aujourd'hui nous nous bornerons à rechercher quelle est la meilleure marche à suivre pour l'élection des représentants, sans aucune perte inutile de temps, pour la forme et le rôle d'une Assemblée nationale constituante.

Nous ne savons pas, à l'heure où nous écrivons, quelles sont les idées du gouvernement provisoire relativement au mode d'élection des représentants à la prochaine Assemblée nationale.

Quel que ce soit ce mode, nous ne doutons pas qu'il ne soit très-large, qu'il n'équivale au suffrage universel, et cela doit être ; nous ne doutons pas non plus que les élections ne soient directes, et cela encore doit être.

En effet, quels que soient les préjugés, les préventions et même les raisons d'État qui, dans la pratique, apportent plus ou moins de restrictions à l'exercice du droit de suffrage, ce que nous n'avons pas à examiner aujourd'hui, toutes ces raisons plus ou moins valables peuvent s'expliquer à un certain point dans le jeu régulier d'un gouvernement établi, d'une société assise ou rentrée dans l'état normal. Mais ces raisons ne s'expliquent pas quand le peuple est encore en révolution, ou plus exactement quand le peuple n'a pas encore d'organisation régulière, définitive. Alors, du côté du gouvernement les motifs de restreindre ou limiter les droits d'une partie quelconque des citoyens n'existe pas ; en effet, ces motifs ne peuvent s'appuyer que sur le danger plus ou moins réel d'amener sur la place publique cette partie de citoyens que l'on ne croit pas suffisamment éclairés ou intéressés au maintien du régime établi. Or ici, aujourd'hui, il n'y a pas de régime établi à maintenir ; l'on n'a pas à craindre d'amener les citoyens sur la place publique, puisqu'ils y sont déjà par le fait même de la révolution. Du côté du peuple, alors même qu'on admettrait en principe qu'il est utile, prudent, de fixer certaines conditions à l'exercice des droits de citoyen, toujours est-il que cette question ne doit être préjugée par personne, encore moins par un gouvernement provisoire. C'est à la majorité de la nation consultée à établir, s'il y a lieu, ces conditions dans la constitution future. Jusque-là, avant la constitution faite, tous ont les mêmes droits, la même aptitude. Autrement il arriverait, si par exemple un quart de la nation était exclu, que la majorité des votes ne serait plus que d'environ le tiers au lieu de la moitié. Par conséquent, non seulement le quart primitivement exclu serait privé de ses droits, mais encore et de plus un huitième de la nation entière, et un sixième des citoyens appelés à voter serait également atteint dans ses droits, puisqu'il faudrait une majorité moindre pour écarter les vœux de la minorité. En résumé, il pourrait arriver que la constitution ne fût pas l'expression réelle de la majorité absolue des électeurs, trente-huit pour cent des votes suffisant pour la valider.

Alors même qu'on reconnaîtrait à l'avance que le futur régime exclura certaines classes de citoyens, toujours est-il en principe que cette exclusion ne doit être prononcée que par la majorité de la nation, y compris ces mêmes catégories ; encore faut-il laisser à ces mêmes catégories le droit de se défendre, afin que l'exclusion sincèrement débattue soit la conséquence nécessaire, incontestable, d'un intérêt d'ordre public. Il ne faut pas que, sous un prétexte quelconque, on puisse jamais diré qu'une classe a été exclue par la constitution de la jouissance de ses droits de citoyen , parce qu'on lui a dans le principe refusé le droit de défense ; car, pour elle, c'est encore s'être défendue que d'avoir pù ajouter sa voix aux résistances de la minorité. Il y aura toujours dans les transactions qui se seront faites une plus forte balance en sa faveur. Ne sera-ce pas beaucoup pour elle que d'obtenir dans les restrictions imposées des conditions moins rudes, moins étendues, qui lui permettent de rentrer plus facilement dans la jouissance de ses droits naturels ?

D'après ces principes, nous pensons donc que nul citoyen ne doit être exclu du droit de suffrage à la future constitution.

Par les mêmes raisons, on ne peut à l'avance établir le vote à deux ou plusieurs degrés. Alors même qu'il ne serait pas condamné par l'expérience de nos diverses constitutions sous la Révolution, le vote à plusieurs degrés a ce grave inconvénient que la deuxième élection représente seulement les premiers élus; or ceux-ci, quoi qu'on fasse ou qu'on dise, sont déjà en fait, par la nature même du cœur humain, un germe d'aristocratie ; leur donner le pouvoir, c'est plus ou moins ouvrir une pente aux idées aristocratiques, et par suite, aux arrière-pensées contre la démocratie ou république. A la rigueur, on comprend le système à plusieurs degrés dans une constitution faite , si tel a été le vœu de la majorité ; mais, dans une constitution à faire, avant que la majorité n'ait prononcé , on ne saurait préjuger ou décider un point aussi important.

Ainsi, d'après les principes de justice et d'équité, les représentants à l'Assemblée constituante doivent être nommés directement et par tous les citoyens sans exception.

Quant à la qualité de citoyen ou droit de suffrage, elle ne nous semble pas susceptible d'autre restriction que la condition d'être Français et majeur.

Ainsi, alors même que la future constitution pourrait ne pas reconnaître le suffrage universel, il faut toujours en principe qu'elle-même s'appuie sur le suffrage universel. Si, plus tard, certaines classes de citoyens sont exclues pour divers motifs, nul du moins n'aura le droit de se plaindre; car c'est le suffrage universel, la nation entière qui aura vidé la question; et chacun, pauvre comme riche, ignorant ou instruit, aura défendu sa cause, obtenu par sa résistance toutes les transactions compatibles avec le nouvel ordre de choses.

D'après ces raisons, c'est donc à tort qu'on recourrait aux bases posées pour l'exercice des droits des citoyens dans les deux constitutions de 91 et de l'an III. Ces bases, sauf l'âge de 21 ans accomplis, accepté par la seconde de ces constitutions, forment autant de restrictions. Ainsi, dans la première, pour être citoyen actif, il fallait être âgé de 25 ans, ce qui excluait tous les citoyens âgés de 21 à 25 ans, c'est-à-dire une forte partie de la nation; dans les deux constitutions il fallait être inscrit dans la garde nationale ou civique, payer une contribution directe, deux conditions, dont l'une exclurait aujourd'hui presque tous les hommes âgés de 55 ans, dont l'autre exclurait tous ceux qui ne sont pas en règle quant à la justification de la contribution directe, qu'ils paient sous le nom de leurs père, mère, etc.

Ces deux constitutions excluaient formellement, l'une les serviteurs à gages, terme assez élastique ; l'autre, les domestiques à gages, terme plus positif.

Nous supprimons les autres conditions qui pouvaient devenir, suivant les circonstances, autant de moyens ou causes d'exclusion plus ou moins durable.

Aucune de ces conditions ne doit être imposée dans la circonstance actuelle ; tous les âges, toutes les fortunes, toutes les positions ont le droit de se défendre, afin d'obtenir dans la future constitution une place quelconque; et si cette place est déniée par la majorité, au moins les conditions les plus douces possible. C'est donc le suffrage universel qu'il faut reconnaître ; sur ce point les constitutions de la Révolution ne nous offrent pas de précédents. Il s'agit donc, pour se conformer à la circonstance, de créer, de fonder des combinaisons nouvelles.

Mais si en théorie le suffrage universel doit exister pour une assemblée constituante, la grande difficulté est de savoir comment on en fera l'application. C'est probablement la solution de cette difficulté qui arrête la décision à prendre par le Gouvernement provisoire.

Comme c'est un devoir pour tout citoyen, dans des circonstances aussi graves, de soumettre son opinion au pays, nous allons dire comment nous entendrions le suffrage universel pour une Assemblée constituante. Nous disons une Assemblée constituante, parce que la nécessité d'arriver au plus vite au terme d'une position provisoire impose des conditions ou combinaisons plus expéditives qu'on pourrait rejeter dans des moments moins pressés.

La première question qui se présente est de savoir comment le vote définitif sera établi pour devenir la loi constitutive de la République.

Ce vote définitif peut s'établir de deux manières :

Par la nomination des représentants chargés de faire la constitution, avec ou sans la ratification de cette même constitution par le peuple. Cette ratification est absolument superflue, ainsi que nous le verrons tout à l'heure. Les deux modes, nomination de représentants et ratification par le peuple, ont été suivis pour la Constitution de l'an III.

Par la simple ratification par le peuple d'une constitution élaborée par d'autres personnes que ses représentants. Ce mode a été suivi pour la Constitution de l'an VIII, celle qui a préparé le despotisme impérial; pour la Constitution de l'an XII, qui a consacré l'usurpation définitive de nos libertés par Napoléon. C'est à ce mode qu'on devait recourir pour la constitution projetée en 1815 par des hommes élus sous les combinaisons artificieuses du grand despote. C'est sur ce mode que s'appuyaient les défenseurs de la monarchie déçue, quand ils prétendaient que l'adhésion des populations en avait tenu lieu. Comme si, dans un grand pays comme la France, où se croisent tant d'intérêts si divers, souvent si opposés ; comme si, dans un état de crise comme celui où se trouve toujours une nation qui change les bases de son gouvernement, la nécessité de mettre au plus vite un terme à cet état de crise, à cette opposition des intérêts, n'amenait pas les citoyens à accepter n'importe quelle constitution, pourvu qu'on

sorte du provisoire, qu'on rentre dans le définitif. Au
surplus, cette prétendue adhésion n'est-elle pas chose
forcée, par conséquent illusoire ? En cas de refus, où est
le moyen de faire mieux et autrement ? Si on n'escamote
pas ce refus, voudra-t-on seulement en tenir compte ? Où
est même le moyen de résister au gouvernement qui
s'impose ? Aussi, est-il digne de remarque que toutes les
constitutions en France ont été ratifiées par le peuple.
Un mode qui accepte aussi bien la monarchie que la
république n'est pas un mode sérieux, ne saurait, en
bonne conscience, représenter le suffrage universel. Ce
mode est une erreur de la liberté, une escorbarderie du
despotisme. Pour notre part, nous verrions avec peine que
la République demandât cette ratification dérisoire. Il ne
faut pas que la liberté laisse croire chez le peuple à la
bonté d'une apparence dont plus tard le despotisme pourrait couvrir et masquer ses sinistres projets. Il faut laisser
les choses dans l'état normal, dans leur réalité. Au peuple, la ratification par ses représentants ; au despotisme,
la ratification par la ruse et la violence. Que désormais
les positions sur ce point restent parfaitement tranchées.
Et si la puissance, la sagesse de la République française,
repoussent à jamais toute combinaison ultérieure du despotisme, faisons du moins que notre exemple empêche les
autres peuples, nos frères, de tomber dans les illusions
d'une ratification après coup, sans motif et sans portée
possible.

Le grand point, le seul point important en fait de
constitution, c'est que ceux qui l'établissent offrent toutes
les garanties, et pour cela ils doivent être les représen-

tants réels, sérieux de la nation. Le suffrage universel doit donc agir avant la constitution et à l'effet de l'établir. Ce mode seul est vrai. La ratification n'existe-t-elle pas de plein droit par l'adhésion de la majorité des représentants?

La seconde question qui se présente pour l'application du suffrage universel est de savoir si l'élection des représentants se fera en bloc à la majorité des suffrages de toute la nation, ou bien séparément, à la majorité des suffrages d'une fraction quelconque de la nation.

Dans un grand pays comme le nôtre, le premier mode serait à peu près impraticable par la grande difficulté de s'entendre ; de plus il serait dérisoire. Comme on serait loin de tomber d'accord sur une foule de noms, il arriverait que, soit par ignorance, soit pour en finir, les dissidents se rallieraient aux noms présentés par les grandes majorités locales, qui par le fait dicteraient ainsi leurs votes au reste de la nation. Rien ne serait plus contraire au but de toute élection, qui est de faire représenter chaque intérêt différent.

Les élections des représentants doivent se faire par le suffrage de parties fractionnelles de la nation, afin que ces parties puissent être réellement représentées dans leurs idées, leurs besoins, leurs intérêts. Ici on a le choix entre deux modes. Prendra-t-on pour base les fractions ou divisions mêmes du territoire ? Prendra-t-on pour base la population divisée par classes, telles que nobles, clergé, tiers-état, ou bien telles que maîtres, ouvriers, artisans, propriétaires, banquiers, négociants, etc.? Entrer dans ces dernières classifications, ce serait à n'en plus

2

finir. D'ailleurs comment leur donner des droits égaux, et si leurs droits ne sont pas égaux, la classe des ouvriers n'écrasera-t-elle pas celle des maîtres, le tiers-état les nobles, etc..?

Le seul mode à suivre, c'est de prendre ces fractions dans la nature des choses, dans l'existence même des localités. Dans tous les Etats, les nécessités politiques ou géographiques ont introduit des divisions qui, relativement au corps politique, sont autant de personnes ou membres politiques. Ce sont ces divisions qui naturellement doivent être représentées dans l'Etat. Pour chacune de ces divisions le choix des représentants se modifiera suivant l'esprit même dominant dans la localité. Ainsi, par exemple, avec le suffrage universel, dans les pays de fabrique, l'élément ouvrier dominera; dans la campagne, ce sera l'élément de l'agriculture, et ainsi du reste.

D'accord sur ce point que c'est par localités que le peuple doit être représenté à l'assemblée nationale, la troisième question est de savoir quelles seront ces localités, car les grandes divisions politiques se fractionnent elles-mêmes en de nouvelles subdivisions : en France, départements, arrondissements, cantons et communes.

Pour savoir quelle est celle de ces fractions du territoire qui doit être représentée, il suffit de se reporter au rôle même de l'Assemblée nationale ou constituante. Cette assemblée représentera la France, corps politique; les éléments appelés à y entrer doivent donc représenter les fractions du corps politique, c'est-à-dire les départements, qui sont autant d'unités indépendantes. Pour chacune de ces fractions, pour chaque département, la représentation doit être générale, non pas fractionnelle. Autrement ce ne sont plus les membres du corps politique qui seraient représentés, mais bien les membres d'un corps administratif; ce qui est bien différent. C'est cette faute grossière commise dans la loi électorale de 1831 et que quelques-uns proposaient de réformer, qui, de conséquences en conséquences, a perdu la monarchie déchue. La Chambre des députés ne représentait plus la nation politique; elle avait fini, à peu d'exceptions près, par représenter seulement la nation administrative; elle avait cessé d'être un contrôle, et tendait sans cesse à envahir les places, les emplois.

Les départements étant en France les seuls membres politiques du corps politique, ce sont les départements qui devront être représentés à l'Assemblée nationale. Cette base était également celle des deux Constitutions de 91 et de l'an III. La première idée de transporter la représentation nationale des fractions politiques à des fractions purement administratives appartient au grand homme qui se connaissait en despotisme; la Restauration avait suivi ces dignes errements, et l'un des malheurs de Louis-Philippe fut de voir consacrer ces faux principes dès l'origine par la Chambre même qui l'avait porté au trône.

Nous avons donc dans le département la première base du système à suivre pour les élections. Voyons maintenant quelles seront les autres bases.

Nous n'avons pas ici l'intention d'examiner si le nombre de représentants d'un département doit se modifier eu égard au corps politique, au chiffre de la population, aux signes de la richesse, système qui fut adopté par l'Assemblée constituante, abandonné à tort par la Convention et auquel nous exprimons hautement le vœu que l'on revienne dans la future constitution.

Il s'agit ici d'une constitution à établir, du suffrage universel appliqué sans contrôle, sans restriction, sans contre-poids. Nous pensons donc qu'on ne doit tenir compte que d'un seul élément, soit la population générale, soit le nombre de citoyens appelés à voter ; à savoir, un représentant par tant de citoyens ou individus pour chaque département. Nous dirons plus loin, en parlant de l'assemblée, la base que nous pensons préférable pour établir le chiffre de citoyens ou individus pour un représentant.

Nous allons maintenant examiner quel mode doit être adopté pour recueillir les voix.

Ici nous sommes en présence de la plus grande difficulté que présente le suffrage universel, celle qui le fait rejeter par les uns, celle qui porte les autres à adopter le système à deux ou plusieurs degrés. Comme nous acceptons dans la circonstance actuelle le suffrage universel sans atténuation aucune, nous avons aussi à vaincre cette difficulté dans toute son étendue. Nous pensons toutefois qu'on peut la tourner, la neutraliser, sans affecter sensiblement la sincérité de l'élection directe.

Pour recueillir les voix, réunira-t-on les citoyens par commune, par canton, par arrondissement, et même par département ? Pour des masses énormes, comme celles qui seront mises en mouvement par le suffrage universel, on comprend que le meilleur mode sera celui qni exigera le moins de déplacement, qui fixera le vote le plus près possible du domicile. Du reste, si, à la vérité, l'élection doit être essentiellement politique, il n'y a pas d'inconvénient, il y a même avantage à ce qu'elle se fasse sous l'influence des subdivisions administratives. Le citoyen appartient pour le moins autant à la commune qu'à l'État. Le vote dans la commune est donc pour toutes ces raisons le seul convenable. Nous disons le vote dans la commune et non par commune; car ce n'est pas la commune qui vote, mais le citoyen. Le vote est personnel. Dans ce système, l'ensemble de tous les votes devra se recueillir dans le chef-lieu du département. Ainsi chaque citoyen aura à donner autant de votes que le département aura de représentants à nommer. On comprend sans peine que ce système entraîne avec lui de nombreuses difficultés; car si le département a, par exemple, dix représentants à nommer, il est pour ainsi dire impossible que toutes les communes élisent du même coup ces dix représentants. Autant d'élections manquées, autant d'élections à recommencer. Ces difficultés sont énormes, et dans certains cas seraient inextricables si on ne trouvait pas un biais pour les tourner ; elles entraîneraient pour le moins le grave inconvénient de faire perdre un temps précieux dans les circonstances actuelles, et de tenir trop longtemps les masses sur la voie publique. Or, ce sont deux choses à éviter à tout prix. Les électeurs, qui ont besoin de travailler pour vivre, ne peuvent pas être sans cesse au forum, et la nation, qui est sous le coup d'une crise politique, a soif de la voir terminer au plus vite, c'est-à-dire que l'assemblée constituante doit au plus tôt se réunir, au plus tôt achever la constitution, afin que tout rentre au plus tôt dans l'état normal d'une société régulière.

Par toutes ces raisons, il est donc nécessaire qu'on

avise au moyen de parer aux inconvénients du suffrage universel, en régularisant sur des bases prévues et équitables le plus de votes possible, sans néanmoins pour cela trop froisser le respect dû au principe du suffrage universel, lequel doit toujours être maintenu, sauf les cas exceptionnels où, son impuissance étant constatée, l'intérêt politique ordonne de passer outre.

On peut arriver à ce résultat en prenant des équivalents, qui, à certain point, atténuent et compensent cet abandon partiel du suffrage universel. On comprend aisément qu'on ne saurait se contenter de la simple majorité relative entre tous les candidats, puisque, par suite de l'éparpillement des votes par commune et sections de commune, il pourrait se faire que cette majorité ne représentât pas même un dixième des votants. Dans tous les cas, ce serait donner les élections aux localités nombreuses où l'accord est plus facile qu'entre les petites subdivisions éparses d'un territoire. Rien ne serait plus contraire au principe, au but du suffrage universel. Il faut donc, de toute nécessité, rejeter, comme insuffisante, une base qui pourrait conduire à de tels résultats, à moins qu'on ne comble par quelques équivalents la différence possible entre la majorité absolue des votes, et la majorité relative entre les candidats.

Ces équivalents pourraient se trouver aisément dans une combinaison qui, à l'appui d'une certaine majorité relative entre les candidats, appellerait un autre genre de majorité prise dans les subdivisions territoriales, communes, cantons et arrondissements.

Ainsi, par exemple, le nombre des citoyens votants

étant de 100,000, et celui des communes de 500, si les choix sur plusieurs candidats se trouvent ainsi répartis :

Pour A 25,000 votants, 100 communes.

B 35,000 id. 150 id.

C 40,000 id. 250 id.

bien qu'aucun des candidats ne réunisse la majorité absolue, soit des électeurs, soit des communes, pour simplifier les choses, le candidat C, ayant pour lui deux majorités relatives, l'une d'électeurs, l'autre de communes, serait proclamé représentant. Et en effet, toutes les probabilités sont qu'il le serait de fait, si l'on procédait à de nouvelles élections après avoir éliminé le candidat A. Cette probabilité n'est pas mathématique, sans doute ; mais, dans le cas actuel, elle serait plus que suffisante, car il ne faut pas perdre de vue qu'avec le suffrage universel, les dissidences dans les élections ne porteront que sur le choix des personnes, jamais ou bien rarement sur les principes. Dans tous les cas, ces légères dissidences, ou si l'on veut même ces irrégularités dans quelques départements, se compenseront entre elles, ou bien se perdront, disparaîtront dans l'ensemble général des élections.

Par ces équivalents que nous proposons et qui nous paraissent plus que suffisants, on obvierait sans inconvénient possible à la plus grande difficulté que présente le suffrage universel, celle d'arriver promptement, de suite, à une majorité réelle, absolue. Ainsi on remplacerait la majorité absolue qui ferait défaut par une majorité relative, combinée avec la majorité relative ou absolue des communes. Pour simplifier encore, si ces deux majorités

ne se rencontraient pas sur le même candidat, on invoque-
rait une nouvelle majorité prise dans les cantons, considérés à leur tour comme fractions électorales. Dans ce dernier cas, sur les trois éléments, électeurs, communes, cantons, deux suffiraient pour établir la majorité, sans avoir
égard à celui qui serait sacrifié, fût-ce même celui des
électeurs. Cette combinaison faisant encore défaut, on in-
voquerait une nouvelle et dernière majorité, celle des
arrondissements.

Pour simplifier encore, on pourrait abandonner à un certain point le principe de la majorité absolue des votes, et
considérer comme suffisante la majorité relative entre les
candidats si elle dépassait telle proportion des électeurs
votants ou telle proportion avec les votes obtenus par les
autres candidats.

Il va tout seul que voulant aller au plus pressé, on se
contenterait d'établir la majorité d'après le nombre des
citoyens votants et non pas de tous les citoyens inscrits.
C'est encore une cause de retard qu'il faut éviter. Il ne faut
pas que la reconstruction de l'ordre politique entier soit
différée par la négligence de citoyens qui ne veulent pas
user de leurs droits politiques. C'est d'ailleurs leur faute,
si leur voix ne compte pas.

Ainsi, d'après nos idées, pour arriver le plus tôt possible,
de suite même, à la formation de l'Assemblée nationale,
pour éviter les retards infinis que pourrait amener la trop
rigoureuse application du suffrage universel, on recourrait pour établir la majorité à toutes combinaisons qui
peuvent être vérifiées dans le chef-lieu, dans un bureau,
sans nouvelles élections.

De nouvelles élections auraient lieu seulement dans le cas où aucune de ces combinaisons n'aurait produit de majorité.

On le voit, la base de l'élection resterait toujours, comme cela doit être, le suffrage universel, seul si possible. A défaut, et comme il est urgent de ne pas perdre un jour, parce que la crise actuelle pèsera sur les affaires, sur les revenus tant que durera le provisoire, on prendrait, comme équivalents et pour combler en quelque sorte l'insuffisance de l'élection par les citoyens, d'autres bases ou éléments, qui seraient alors les subdivisions territoriales, en commençant par celle qui se rapproche le plus du suffrage universel, la commune, et ainsi de suite.

En adoptant ces bases, malgré l'insuffisance des votes, on pourrait pour ainsi dire statuer du même coup sur toutes les élections d'un même département. Il n'y aurait alors de nouvelles élections que dans le cas assez rare où nul candidat n'aurait obtenu de majorité. Le ballotage se ferait alors entre deux ou trois candidats seulement, en éliminant les plus favorisés par le suffrage universel. Nous disons par le suffrage universel, et non par l'ensemble des équivalents proposés, parce que s'il n'y a pas eu de solution, les équivalents tombent avec les raisons d'État qui seules les faisaient accepter.

Si nous avons tant insisté sur ce point des élections, c'est que là est la plus grande difficulté du suffrage universel. Si on ne peut éviter cette difficulté, il faut du moins la tourner, la neutraliser. Nous croyons le mode proposé suffisant pour arriver à ce but. Outre les probabilités que ce mode présente, à défaut du suffrage universel, il n'est pas un de ces éléments qui, seul, ne puisse donner des choix assez conformes aux vœux de l'opinion publique. Seulement, il faut toujours s'écarter le moins possible du suffrage universel, qui, dans la situation actuelle, est la véritable base à prendre. Si un département se trouve nommer un ou plusieurs représentants sur une autre base, ce sera sa faute, et la position sera celle-ci. Comme l'État, la Nation, ne peuvent pas souffrir de cette faute, on passe outre ; mais comme on ne veut pas priver le département d'un représentant auquel il a droit, on prend un candidat choisi par ses électeurs, et le candidat qui, par l'adjonction de bases différentes, doit rentrer le plus dans les idées, dans les besoins, dans les vœux de ce département. Le seul inconvénient est que cette élection n'a pas, si l'on peut parler ainsi, toute la perfection que lui donnerait le suffrage universel.

Nous venons de parler des électeurs. Reste à parler des élus et de l'Assemblée nationale.

Encore moins que pour le droit de suffrage, on doit imposer des conditions à l'éligibilité. Tous les citoyens majeurs doivent être éligibles ; c'est là la première condition de toute liberté. Une des causes principales qui ont préparé, amené la chute des deux constitutions de 91 et de l'an III, c'est d'avoir manqué à ce principe. Aussi aimons-nous à croire que cette faute ne se répétera plus. On comprend à la rigueur des restrictions au droit de suffrage ; mais, ces précautions prises, n'est-ce pas attaquer le droit même reconnu à l'électeur que de renfermer son choix dans telles et telles catégories ? Du reste, pour l'éligibilité comme pour le droit de suffrage , dans la circonstance actuelle, tout reste dans l'état de nature. Quelles que puissent être les clauses de la future constitution, comme aujourd'hui rien n'existe, tous les citoyens sont égaux et au même titre, tous électeurs, tous éligibles.

Quant à l'Assemblée nationale même, plusieurs choses sont à considérer : le nombre des représentants , leurs droits, les droits et le rôle de l'assemblée.

Pour le nombre des représentants, on a le choix entre deux modes essentiellement différents. On peut fixer pour toute la France un représentant par tant de mille âmes. Ce mode est suivi dans plusieurs États. A notre avis, il a un grave inconvénient, celui de subordonner la valeur politique de l'assemblée à la base variable, incertaine, adoptée pour la représentation. En effet, malgré l'équité de principe qui existe dans les deux cas suivants, il n'est pas indifférent pour la liberté qu'une chambre de représentants ait 250 membres comme le Conseil des anciens, ou 750 membres comme l'Assemblée nationale et la Convention. Moins une chambre est nombreuse , plus fortes y sont les influences personnelles, les ambitions, les opinions qui la divisent. Or, il est toujours de la plus haute importance que les opinions, les ambitions, les influences personnelles soient aussi faibles que possible dans une assemblée de législateurs, qui doit être impartiale, neutre, comme la providence elle-même. Plus l'Assemblée nationale sera nombreuse, mieux vaudra.

Cependant, comme on le pense bien, il y a nécessairement une limite qu'on ne saurait franchir ; c'est celle où l'assemblée cesserait d'être elle, c'est-à-dire celle où la tenue de l'assemblée deviendrait pénible, confuse, tumultueuse. En d'autres termes, le nombre des représentants doit se proportionner au cadre dans lequel l'assemblée pourra encore commodément agir, discuter, entendre, délibérer. Sous ce rapport, il nous semble qu'on pourrait porter le nombre des représentants à mille membres au moins, sans inconvénient, sans que la grandeur de la salle nuise aux conditions diverses exigées pour la tenue de cette assemblée. Il ne nous appartient pas d'indiquer un chiffre quelconque ; nous croyons qu'on peut aisément aller au chiffre mentionné plus haut. C'est au Gouvernement provisoire à fixer le chiffre le plus élevé, après avoir consulté les hommes compétents. C'est d'après le chiffre arrêté qu'on répartira les représentants entre les départements, en prenant pour base la population constatée par le dernier recensement. Au lieu de cette base, il vaudrait peut-être mieux prendre celle tirée du nombre des citoyens majeurs ; mais il faut négliger cette constatation qui ferait perdre beaucoup de temps, d'autant plus que les irrégularités qui pourraient exister sur ce point d'un département à l'autre se compenseraient entre elles dans l'ensemble.

Nous arrivons maintenant à une question controversée depuis la Restauration, mais qui ne faisait pas question sous les précédentes constitutions : doit-on rétribuer les représentants ? On comprend aisément les raisons qui, sous une monarchie, empêchent de rétribuer les élus du peuple. De la part du pouvoir, c'est un moyen honnête de réduire d'autant le cercle des éligibles ; de la part des élus, c'est un moyen honnête d'écarter les rivaux de toute la somme de sacrifices que ceux-ci ne peuvent faire en quittant leurs localités, leurs affaires personnelles. Les inconvénients de ce système étaient devenus tels sous le gouvernement déchu, que chaque année le nombre des fonctionnaires rétribués en cette qualité allait sans cesse en augmentant dans la Chambre des députés. D'après cela, au lieu de demander la réforme des fonctionnaires, il eût été logique de demander la rétribution pour tous les députés, sans cumul. Malheureusement, il faut dire que si les députés de l'opposition voulaient écarter leurs rivaux, ils ne se souciaient nullement de faciliter le chemin de la députation aux autres éligibles.

Dans une république où il importe, au contraire, que toutes les capacités puissent se produire, et la chose est peut-être plus nécessaire aujourd'hui que jamais, après le renversement d'un régime qui semblait s'étudier à étouffer toutes les intelligences, tous les sentiments moraux et patriotiques; dans une république, disons-nous, il est de toute nécessité que les représentants soient rétribués. Autrement, en vain reconnaîtrait-on en théorie à tous les citoyens le droit d'être éligibles; ce droit serait dans la pratique paralysé, annulé pour le plus grand nombre, pour une immense majorité, par l'impossibilité de quitter leurs occupations présentes pour se consacrer au service public. Qui veut la fin veut les moyens. L'honneur de représenter son pays peut engager un citoyen à sacrifier l'avenir que lui offre sa position actuelle, sauf plus tard à réparer comme il pourra cette interruption de sa carrière. Il y a là déjà un certain sacrifice ; mais il ne

peut pas sacrifier le présent sans une indemnité équiva-
lente. La rétribution donnée aux représentants du peuple
est donc à la fois une mesure d'intérêt public et un acte de
justice : aussi croyons-nous que tous les gouvernements
à base démocratique et républicaine ont adopté ce principe ; et toutes les fois qu'on s'en écarte, on peut dire à
l'avance qu'il y a sous roche une arrière-pensée, un principe d'aristocratie et de monarchie.

Aux fonctions de représentant à l'Assemblée nationale,
le gouvernement provisoire devra, pour rester dans les
conditions de la démocratie, attacher une rétribution ou
indemnité.

Il nous reste à examiner le rôle à remplir par l'Assemblée nationale qui va être convoquée.

Bien qu'en leur qualité de représentants du peuple sou-
verain, les nouveaux élus puissent avoir tous les droits
possibles, il est néanmoins des principes qui dominent et
doivent régler l'exercice de ces droits. Ces principes sont
ceux proclamés par tous les publicistes, à savoir, la séparation des trois pouvoirs, exécutif, législatif et judiciaire.
C'est pour n'avoir pas su à temps faire cette séparation si
importante, que la Convention a de proche en proche été
amenée à tous les excès qu'on lui a reprochés, excès qui depuis cinquante ans pèsent comme un cauchemar sur notre
existence nationale, excès dont les diverses monarchies qui
se sont succédé ont exploité le souvenir avec tant d'ha-
bileté.

Le rôle de l'Assemblée nationale doit être purement
constituant, non pas législatif. En effet, il faut distinguer.
L'assemblée étant élue pour faire une constitution, ne doit

faire rien autre. Il n'est pas exact de penser que tel qui peut faire une constitution puisse faire des lois ; ce sont deux choses bien différentes. La loi doit être l'expression d'un régime déjà établi, car ce régime seul peut juger de ce qui lui convient. Or, l'assemblée constituante représentera un ordre de choses, un ordre d'idées qui cessera avec elle. Le régime nouveau qu'elle établira aura d'autres éléments, d'autres bases ; le pouvoir exécutif y jouera sans doute un rôle. Évidemment, une loi faite par l'assemblée constituante pourrait bien par ces diverses raisons n'être pas celle qu'aurait votée un pouvoir législatif tel que celui établi par le nouveau régime. L'assemblée constituante ne saurait donc faire des lois sans empiéter sur le domaine de la future législature. Sur ce point, l'avantage momentané de modifier quelques lois ne compensera pas les inconvénients futurs de ces mêmes lois si elles ne conviennent pas, soit qu'on se résigne à les garder, soit qu'il faille encore les modifier. Il est toujours mauvais, surtout quand un nouveau régime se fonde, d'accoutumer les peuples à voir faire et défaire la loi sur le même sujet.

Une autre raison qui devra empêcher l'Assemblée nationale de faire des lois, c'est la nécessité impérieuse pour la république de sortir au plus vite de l'état de crise où la laissera pendant quelque temps l'absence d'un gouvernement définitif. On ne saurait, nous le répétons, trop tôt rentrer dans l'état normal d'une société régulière. On doit donc avec soin écarter tout ce qui peut distraire les esprits de ce but, reculer l'accomplissement de cette tâche si grave, si importante. Une loi, si bonne qu'elle soit, qui retardera la constitution ne compensera pas, bien certainement, les inconvénients produits par le retard de cette même constitution.

Nous pensons donc que l'Assemblée nationale ne doit pas avoir d'autre mission que celle de donner une constitution. Le gouvernement provisoire devra stipuler, et s'il ne croit pas avoir ce droit, il devra du moins recommander aux électeurs, qui, eux, ont ce droit, de stipuler avec leurs candidats qu'ils s'engagent à ne pas sortir du simple rôle de législateurs constituants. Ce rôle n'exclurait pas le droit de confirmer le gouvernement provisoire, ou d'y introduire quelques modifications, toutefois sans empiéter sur le domaine du pouvoir exécutif ou du pouvoir judiciaire, pas plus que sur le domaine du pouvoir législatif.

Nous reviendrons maintenant sur un autre point au sujet duquel nous avons déjà dit deux mots, savoir, la ratification de la constitution par le peuple. On a pu voir précédemment que nous rejetons ce mode de ratification, comme ne prouvant rien, et même, à notre avis, prouvant si peu que si l'empereur Nicolas demandait aux Polonais leur adhésion au régime qui les opprime, nous ne savons pas comment ceux-ci pourraient refuser cette adhésion. C'est un peu dans le même ordre d'idée que Napoléon demandait au peuple qui ne pouvait mais, et *à l'armée* qui pouvait moins encore, leur adhésion à l'empire.

Bien que la ratification subséquente par le peuple nous paraisse une niaiserie, ou une escobarderie, nous croyons néanmoins qu'il serait avantageux de rechercher une espèce d'équivalent, en adoptant quelque combinaison qui donnerait, si c'est possible, encore plus de maturité à la future constitution. Il nous semble qu'on arriverait avec certitude à ce résultat, si l'assemblée qui sera élue était plus tard scindée en deux fractions. Voici comment nous entendons notre pensée. L'assemblée, d'abord unique, commencerait par reconnaître les pouvoirs de tous ses membres. Cela fait, elle adopterait une base pour se diviser en deux fractions ou chambres. La base que nous préférerions serait celle de l'âge. Une chambre comprendrait les plus âgés, jusqu'au complément d'un nombre donné de représentants ; tout le reste, les plus jeunes, formerait l'autre chambre. Ces deux chambres auraient les mêmes droits de délibération, de discussion et de vote; elles agiraient séparément. Un avantage de cette combinaison serait de donner plus de poids à chacun des deux éléments qui composeraient l'assemblée, l'âge mûr et la jeunesse ; non pas que ces deux éléments ne se retrouvent dans l'ensemble, mais parce que leur séparation donnerait à chacun d'eux une action nécessaire sur tous les articles sans exception de la constitution ; ce qui peut ne pas arriver dans une assemblée unique, où dans certains cas la jeunesse annulerait l'âge mûr, *et vice versâ.* Un autre avantage de cette combinaison serait de nécessiter un plus grand nombre de voix que dans une chambre unique, tout l'excédant d'une majorité, dans l'une des deux chambres, étant perdu pour la majorité de l'autre. On aurait ainsi plus de voix et plus de maturité. Dans le cas où ces deux chambres ne pourraient s'entendre, elles se réuniraient; mais alors, pour compenser l'absence de contrôle ou de maturité que nous désirons, il faudrait élever le chiffre voulu pour la majorité ; la majorité pourrait alors, par exemple, être portée de la moitié plus un aux deux tiers plus un.

Ces combinaisons que nous proposons ici peuvent être écartées sans affecter en rien les droits et le pouvoir légitime d'une assemblée constituante. Toutefois nous les croyons utiles, bonnes, nécessaires, afin de donner aux votes un contrôle, une maturité qu'on ne saurait comment obtenir d'une autre manière. Ce fractionnement, dont les inconvénients seraient si aisément paralysés par la réunion toujours facile de tous les membres, ne nous paraît par conséquent offrir que des garanties.

Deux autres considérations, qui ont aussi leur valeur, nous porteraient encore à adopter cette combinaison.

La première considération, c'est qu'il y aurait là une chance de plus, une forte chance même d'empêcher l'assemblée de sortir de son rôle de constituante. Cet abus, que l'entraînement du moment, que la force des circonstances, rendent toujours si facile dans une assemblée unique, trouverait de grands obstacles dans les nécessités de maturité, de discussion, de vote, qu'exigerait le concours des deux fractions séparées. Pour notre part, nous attachons un grand poids à cette considération : d'abord, parce qu'on évite ainsi tout retard à la constitution ; ensuite, parce qu'on évite les dangers si à redouter d'une nouvelle Convention.

L'autre considération, c'est que cette combinaison permettrait d'élever encore le nombre des représentants, de l'augmenter au moins de moitié ou de deux tiers ; ce qui donnerait encore à la fois la certitude d'une plus grande maturité, et l'avantage d'initier, d'exercer un plus grand nombre de citoyens aux fonctions législatives. Il ne faut jamais perdre de vue que la nouvelle République a tout à créer. Elle ne saurait trop tôt opposer des sentiments républicains, des habitudes républicaines aux habitudes, aux sentiments monarchiques, qui, de longtemps encore, existeront dans notre pays, et qui ne manqueront pas, il faut s'y attendre, de prendre au milieu des influences politiques ou sociales la place que la République n'aura pu ni su prendre.

En résumé, et d'après tous les développements qui précèdent, voici comment nous entendons la convocation et le rôle de la prochaine assemblée constituante :

Tous les Français majeurs, électeurs et éligibles, sans restrictions, sans exceptions aucunes.

L'assemblée constituante portée au nombre de représentants le plus élevé possible ; ce nombre réparti, aux fractions près, entre tous les départements d'après la population du dernier recensement.

Le vote dans la commune à la majorité absolue ; la commune divisée en sections, suivant le nombre des électeurs.

L'électeur votant à la fois pour la totalité du nombre de représentants attribué à son département. Il serait peut-être convenable d'ajouter à ce nombre, pour faire face aux vides que laisserait l'option d'un représentant pour un autre département, une proportion donnée de suppléants. Naturellement, les moins favorisés par l'élection seraient de droit les candidats suppléants.

La majorité, pour valider l'élection, se compterait d'après le nombre des votants et non des électeurs inscrits. Si la majorité absolue n'existait pas, on compléterait, ainsi que nous l'avons expliqué ailleurs, la majo-

rité relative des votes par une autre majorité exception-
nelle prise dans les communes, dans les cantons, dans
les arrondissements, considérés alors comme s'ils avaient
voté à ce même titre d'arrondissements, cantons et communes.

Les représentants rétribués.

L'assemblée constituante se maintenant unique, ou
bien se scindant en deux fractions plus ou moins fortes
d'après l'âge pris pour base; dans ce dernier cas, les fractions ou chambres ayant les mêmes droits, votant à la
simple majorité, mais, s'il y a désaccord, se réunissant
pour voter sur la question à une majorité plus forte, par
exemple des deux tiers;

L'Assemblée nationale ayant seulement le pouvoir constituant, n'ayant aucun pouvoir législatif, judiciaire ou
exécutif, pouvant tout au plus, en dehors du pouvoir constituant, approuver ou modifier la composition du gouvernement provisoire, et assister, s'il y a lieu, à l'installation
du pouvoir exécutif émané de la nouvelle constitution.

Tels sont, en résumé, les principes qui, à notre avis,
doivent présider à la convocation, à la formation, aux
droits et aux rôles de la prochaine Assemblée nationale
constituante.

Au point de vue d'un gouvernement définitif, il y aurait peut-être beaucoup à dire, peut-être beaucoup à modifier à quelques-uns de ces principes; mais ce n'est pas
sous ce rapport que la question se présente. Il ne s'agit
pas ici du cadre définitif d'un gouvernement régulier,
mais bien, au contraire, d'une position anormale, provisoire, à laquelle il faut pourvoir, et de laquelle il faut

sortir le plus tôt possible et, pour ainsi dire, à tout prix. C'est la manière dont sera nommée et composée l'assemblée constituante; c'est la manière dont elle exercera son rôle, qui vont décider de l'avenir de la nouvelle république. Après l'impuissance, si bien et tant de fois constatée, de la monarchie en France, il est évident que cette forme de gouvernement est incompatible avec notre civilisation actuelle, que la seule forme de gouvernement possible en France est la république. Mais il ne suffit pas que la république soit établie pour que la France soit heureuse; il faut que les bases de la république soient larges, fortement assises; il faut que les rouages en soient bien balancés pour que le système entier marche régulièrement, sans embarras, sans secousse, sans lutte, sans crises périodiques, le plus grand malheur qui puisse arriver aux nations.

Toutes ces questions peuvent seulement être résolues par l'assemblée constituante qui va être convoquée. Puisse cette assemblée répondre à la grandeur de sa tâche ! Puisse-t-elle se tenir à la hauteur du peuple qui va lui confier ses destinées ! Le sort de la France, ou plutôt de toutes les nations, est entre ses mains. L'Europe entière, et par l'Europe, le reste du monde, peuples, rois, aristocraties, auront les yeux sur elle. Que son œuvre soit forte, large, consciencieuse, et la république aura bientôt et sans lutte frappé au cœur les aristocraties et les rois, établi partout le règne de la démocratie, le règne de la liberté, de l'égalité, de la fraternité.

FIN.

www.ingramcontent.com/pod-product-compliance
Lightning Source LLC
Chambersburg PA
CBHW061709060726
47597CB00006B/2270